黙水さんと
寒風古窯跡群

〃黙水《もくすい》さん〃というひと

黙水さん（本名 時實和一）は、吉備地方最大の須恵器の生産地の1つ〃寒風古窯跡群〃を発見した在野の考古学者です。

ワンピース風のユニークな服を着ていたことから、地元では〃スカートのおじさん〃と呼ばれていましたが、〃岡山県の考古学の先達〃と称される郷土の偉人です。また、考古学だけでなく、民俗学や文学、漢方医学、植物にも精通しているなど、幅広い知識をもった人でした。

周りの評価など気にとめず、信じる道をひとすじに歩み、質素でエコな暮らしを貫いた黙水さん。社会の矛盾を鋭く見抜く目をもちつつ、ユーモアを解し、詩歌を愛するロマンチストでもありました。

亡くなって20年以上経った今も、周りの人たちの心に強烈な印象を残している、黙水さんの奥深い魅力を探ってみましょう。

■目次

紙芝居『黙水《もくすい》さん』

絵／廣畑一男
文／谷原純子

長浜国塩《ながはまくにしお》に、時實和一《ときざねわいち》という人がいました。

いつもにこにこしていて、静かに話す人で、自分から「黙水」と名乗っていました。

和一は、昭和の初め頃から、近くの寒風《さぶかぜ》に通っています。

一　村の子ども達と

「和一おじさん、こんにちは。どこへいきょうるん。袋をもったり棒を持ったりして」

「おお、みんな元気でえのお。わしといっしょに寒風にいかんかのう」

「おじさんは、何でいつも寒風にいくん？」

「寒風には、古い焼き物の窯のあとがあってのう、焼き物や焼き物のかけらがうまっとんじゃ。それらが『早う見つけてくれえ、いつ頃からここにうまっとるか調べてくれえ』と話しかけてくるんじゃ」

「焼き物が話をするん？」

「そうじゃ、わしにはそう聞こえるんじゃ」

5

二　焼き物のかけら

和一は、子どもの頃から、寒風に転がっている焼き物のかけらを持って遊んだり、あきると割ったり、投げ捨てたりしていました。

そして、大きな焼き物の内側に円い模様がついているのを不思議に思ったりしていました

三　調べのはじまり

昭和二年、和一が三十一歳の正月、初詣の帰りに、寒風でつまみのある杯（お茶椀のようないれもの）のふたを見つけました。

「これはなにかなあ、いつごろのものじゃろうか。何で、こんなところにあるんじゃろうか」

そのことがきっかけで、焼き物や焼き物のかけらについて調べ出しました。

四　寒風の窯址《かまあと》

和一は農業のかたわら、毎日、毎日、寒風に通いました。昭和四年には窯址がある土地を買って、本格的に調べ始めました。やがて、農業で鍛えたからだと、持ち前の優れた記憶力で、すばらしい力を現すようになりました。

寒風には窯址がいくつかあり、かけらが数多く埋まっていました。

渦巻きや輪のような模様がついている甕《かめ》や、文字が刻まれているかけら、大屋根に取り付ける鴟尾《しび》、家の形をした陶棺《とうかん》のような大きなものまで見つかりました。

須恵器《すえき》という、今から千四百年ほど前の焼き物でした。

五　須恵器の窯

須恵器は朝鮮半島から伝わった焼き物で、それまでの日本にはなかったすぐれた技術でつくられました。

一つはろくろを使うこと、もう一つは窯で焼くことです。

それまでの焼き物は「野焼き」といって、地面の上に置いたまま焼いていました。このやりかたでは、温度が上がらず、もろくて割れやすく、水漏れする焼き物しかできませんでした。

窯で焼くようになって、水の漏れにくい硬い焼き物ができるようになりました。

特に寒風で焼いた焼き物は、色が白いため、珍しがられ、都に税として送られました。

六　オクノカマアト

邑久町《おくちょう》や長船町《おさふねちょう》には寒風より早く作られた窯址がいくつもあります。和一はその窯址にも出かけて調べました。

調べた結果は『オクノカマアト』という五冊の本にまとめました。

七 和一の実地踏査スタイル

和一は、窯址や焼き物のかけらを調べに行くときに、自分が考えた服を着ていました。丈夫な布でできていて、襟《えり》付き前ボタン、上下続きの簡単な服でした。

さらに、肩から鞄《かばん》をかけ、腰に袋をさげました。履き物は、夏はぞうり、冬は半長靴。手に穴掘りになる杖を持っていました。鞄は集めた焼き物のかけらを入れていましたが、むしめがね、地図、鉛筆、手作りの手帳も入れていました。腰に下げた袋には金平糖《こんぺいとう》や乳《ちち》ボーロ菓子、ミカンなどが入っていました。

六十年間、同じかっこうでした。

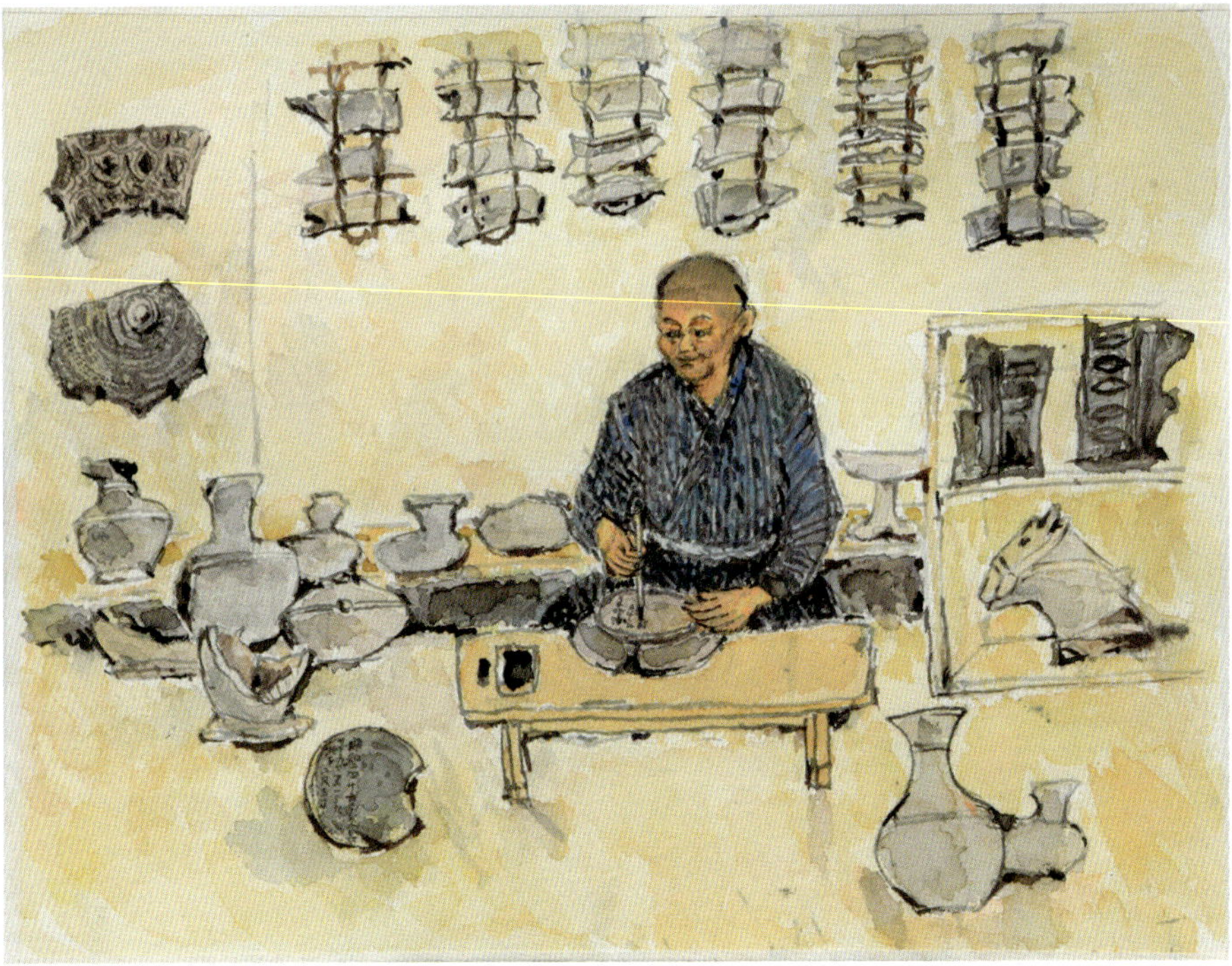

八　整理研究の和一

持ち帰った焼き物のかけらや器はていねいに整理しました。いつ、どこでみつけたか、埋まっていた深さはどのくらいか、色、大きさはどうかなどをカードに記録したり、直接、焼き物のかけらや器に書いたりしていきました。和一が見つけたものは、一万点以上でした。

「和一さんは、ゆんべも遅うまで起きとったなあ」

「家の中は焼き物だらけで、ぎょうさんの焼き物のかけらが天井からぶらさがっとんじゃ」

「こないだは、大学の先生が『話を聞かせてくれえ』言うて来たそうな」

和一は現地に出かけていって調べることを大切にしていましたが、整理した焼き物についても、専門家の話を聞いたり、本を読んだりして研究を深めていきました。

九　和一、上京

和一は、長年、文化財保護活動につくしたことから、昭和五十三年文化の日に勲六等瑞宝章《くんろくとうずいほうしょう》を受章しました。

翌年、芸術文化に活躍した人々を招いた「懇親会」に招待されました。家の人は「紋付き、羽織、袴」で行くように準備をしましたが、和一は「平服で」と書いてあるからこのままで行くと言って、いつもの「黙水スタイル」の服で東京まで出かけました。

その後、和一の調査研究をもとに、寒風の窯址が史跡に指定され、陶芸会館が造られました。

陶芸会館の中庭には和一の陶像がたてられ、ほほえみながら見守っています。

黙水さんが発見した寒風《さぶかぜ》古窯跡群《こようせきぐん》とは？

飛鳥時代を中心とするおよそ100年間、須恵器が焼かれていた寒風古窯跡群

〝日本のエーゲ海〟として名高い岡山県瀬戸内市牛窓町。その海岸線から７キロほど内陸部に入った山の中に寒風古窯跡群は広がっている。ここは今からおよそ１４００年前に〝備前焼のルーツ〟といわれる須恵器が生産されていた場所だ。自宅から１キロほどだったこともあり、黙水さんは子どもの頃からよく寒風へ行き、谷や畑に転がっている須恵器のカケラを手にして遊んだという。

ちなみに、須恵器とは、古墳時代の中頃に朝鮮半島の渡来人技術者によって伝えられた、日本で最初に窯で焼かれた焼き物である。それまでの〝野焼き〟という焼き方とは違い、１０００度以上の高温の窯で焼くため、硬くて水が漏れにく

寒風から出土した須恵器の大甕。緑色の自然釉が美しい

寒風古窯跡にはたくさんの須恵器の陶片が落ちている

く、液体を貯蔵することができた。須恵器の出現によって日本人の食生活が大きく変わったといわれている。

瀬戸内市と備前市の南部にまたがる一帯には、寒風をはじめとする須恵器の窯跡が約１３０基もあり（邑久《おく》古窯跡群と呼ばれている）、古墳時代から平安時代にかけて須恵器の一大生産地として栄えた。なかでも、寒風の須恵器は色が白く美しいため、奈良の都で珍重され、税の代わりに納められたとか。寒風の窯跡からは、甕《かめ》や杯《つき》などのほか、寺院の屋根を飾る「鴟尾《しび》」や焼き物の棺「陶棺《とうかん》」、丸い形をした硯《すずり》「円面硯《えんめんけん》」といった珍しいものも出土している。

寒風では飛鳥時代を中心とするおよそ１００年間、須恵器が生産されたが、その後、陶工たちが窯を捨てて北へ北へと移動し、平安時代の末期に標高約５００ｍの熊山の南麓で備前焼が誕生したといわれる。

一方、８世紀の初め頃に陶工たちが

1号窯案内看板。史跡には窯跡・古墳の説明板が設置されている

寒風陶芸会館中庭にたつ黙水さんの陶像

須恵器特有の美しい文様「同心円文」

瀬戸内市・備前市で生産されていた須恵器はやがて備前焼へと発展する。「備前焼櫛目波状文壺（室町時代）」岡山県立博物館蔵

去った寒風は、永らく忘れられた地となってしまう。その貴重な歴史を掘り起こしたのが黙水さんというわけだ。

黙水さんのひたむきな調査によって、1400年の眠りから目覚めた寒風の窯跡。美しい文様の陶片を見つけるたび、黙水さんは古代への思いを募らせていったにちがいない。

須恵器の文様に古代人の美意識がみえる

一部の須恵器の表面（内側にも外側にも）に見られる独特の地紋。これは制作途中に割れないよう、当て具と叩き板を使って粘土を叩き締めた痕だ。当て具の文様は、寒風だけで20種類近くあり、代表的なものが同心円文（中心を同じくする円が重なった文様）。ほかに楕円の中に格子があるラケットのような文様、車輪のような文様もある。

目のきれいな、チャーミングな人

島村　光（備前焼作家）

初めて黙水さんにお会いしたのは昭和60年頃、黙水さんの陶像を制作することになり、長船町《おさふねちょう》磯上《いそのかみ》にある私の仕事場へ来られた時です。

第一印象は強烈でした。ワンピース風の服を着られ、肩からカバンを斜めがけし、ソックスに草履を履いておられるんです。足袋ではなくソックスなんですね。それから、話をすると非常にチャーミングで、目が澄んで、キラキラしていたことがとても印象に残っています。

実はその時、黙水さんが、「私はこういうもの（陶像）をあまり作りたくないいんじゃ」と照れくさそうにおっしゃったんですね。それでも、結局制作をすすめることになり、仕事場に2、3回来ていただきました。立ってポーズをとってもらったのですが、僕が気を遣って「黙水さん、お疲れでしょうからもう結構ですよ」と言っても、「いやいや、まだ5分ほどしか経ってないから、もう少しええよ」とおっしゃった。それで、これは思い切りいけるなと直感しました。

最初、どういう姿がいいか黙水さんをモデルに、陶土で20センチぐらいの雛型を作ってみたんです。すると、黙水さんが「右手に陶片を持たせたらどうじゃろうかな」と提案されたので、陶片を持ったものも作ってみました。しかし、どうも説明的な感じがして、最終的には陶片なしで作ることにしました。

焼き物は、まず土づくりから始めるんですが、寒風ゆかりの黙水さんの像だから、寒風の陶土を使いたいと考えました。そこで、二体同じものを作ることにして、一体は私が使い慣れている備前の土100%で、もう一体は寒風の土が半分入ったものを使い、お陰さまで二体とも無事に焼きあがりました。寒風の土が入ったほうは、特有の明るい色が発色しています。備前の土とは違った土味があると思います。

備前焼のルーツは、まさにここ寒風なんですね。出土した須恵器を見ると、大甕にしても、平瓶にしても、とてつもない技術力を感じます。渡来人のロクロ技術は、当時の地元の人にとって神業に近く、驚きだったと思います。薄手で、気品あふれる形で本当にすごいです。

私が住んでいた長船町の磯上にも、大平山の谷沿いにも、須恵器の窯跡が点在しています。そこから出土する須恵器の色あいが、大平山から伊部に下りるあたりから、だんだん茶色っぽく、備前焼に近くなっているのが興味深いです。須恵器が備前焼のルーツだということがはっきりわかります。

今、私たちがこうして備前焼を作れるのは先人のお陰です。これから黙水さんの業績をどれだけ後世へつなげていけるか。それが黙水さんに対する恩返しだと思います。

（談）

考古学との運命的な出会い

須恵器を手にして遊んだ子ども時代

黙水さんが通った就将尋常小学校（現・牛窓北小学校）

黙水少年の愛読書の一冊

黙水さんこと時實黙水（本名・時實和一）は、明治29年4月29日、邑久郡長浜村（現・瀬戸内市牛窓町長浜）の農家の次男として生まれた。父親は重三郎《じゅうざぶろう》、母の名は津《つ》知《ち》。重三郎は縄を綯《な》いながら「四書五経」をそらんじるような学識のある人で、黙水さんが生まれた頃は村議会議員を務めていた。また、母は明るくシャキシャキした女性だった。

幼いころの黙水さんは病弱で、末っ子ということもあり、両親にとりわけ可愛がられて育った。祖父母や両親から小《こ》噺《ばなし》、わらべ唄、歴史上の人物の話などを毎日のように聞き、教師だった叔父から当時貴重だった雑誌や本を送ってもらったりしている。青年になった黙水さんが

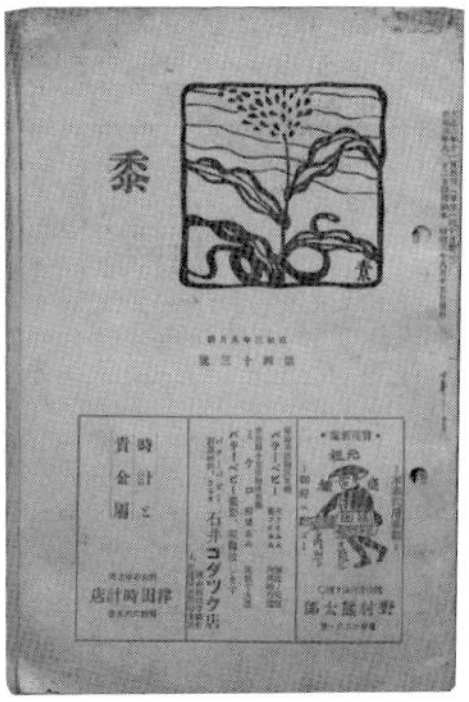

『黍』。万代勝栗が編集・発行した文芸雑誌

『海紅』。河東碧梧桐主宰の自由律俳句誌

文学や民俗学、考古学に関心を持つようになる素地は、子ども時代にできたものだろう。

　須恵器との関わりについて、黙水さんは自著『オクノカマアト 1』の中でこう述べている。

「ワタクシワ　子供ノ時　サブカゼ　ノ山ヤ　道端ニ轉《ころ》ガツテイル　澤山《たくさん》ノ　ヤキモノ　ノ　カケラニ　心ヲヒカレ　サブカゼ　ニ行ク度ニ　コレヲ　モテアソビ　アキレバウチワリナゲステル悪童デアリマシタ」

　自宅から1キロほどの寒風は子どもの頃の格好の遊び場だった。黙水さんと考古学との関わりは、子ども時代に須恵器のカケラをごく普通に見たり触れたりする環境にあったところから始まっている。

俳句や短歌に熱中した青年時代

　邑久高等小学校を卒業後、黙水さんは一時期生家を離れて岡山市内で暮らした。街への憧れからか、文学を志したのか、故郷を離れた詳しい事情はわかっていない。ともあれ、岡山で同い年の万代《まんだい》勝栗《かちぐり》（鐘紡岡山工場に勤務。父義勝は新聞人）と知り合い、彼の影響をうけて自由律俳句に親しむようになる。

　20歳の頃、生家に戻った黙水さんは、農業に励むかたわら、俳句や短歌に熱中した。同人誌『海紅《かいこう》』『黍《きび》』『だいだい』『土ばし』などにしばしば投稿し、非凡な才能を発揮している。

渚なるしろきなづなのかなしさよ
はるかに遠く汐のひきたる

　ペンネームは、短歌は「ねむの木ねむる」、俳句は「黙水」と使い分けていた。黙水さんの文学活動は28歳頃まで続く。この頃、自宅に隣接した小高い丘に鶏舎を建て、ニワトリの卵を売って生計を立

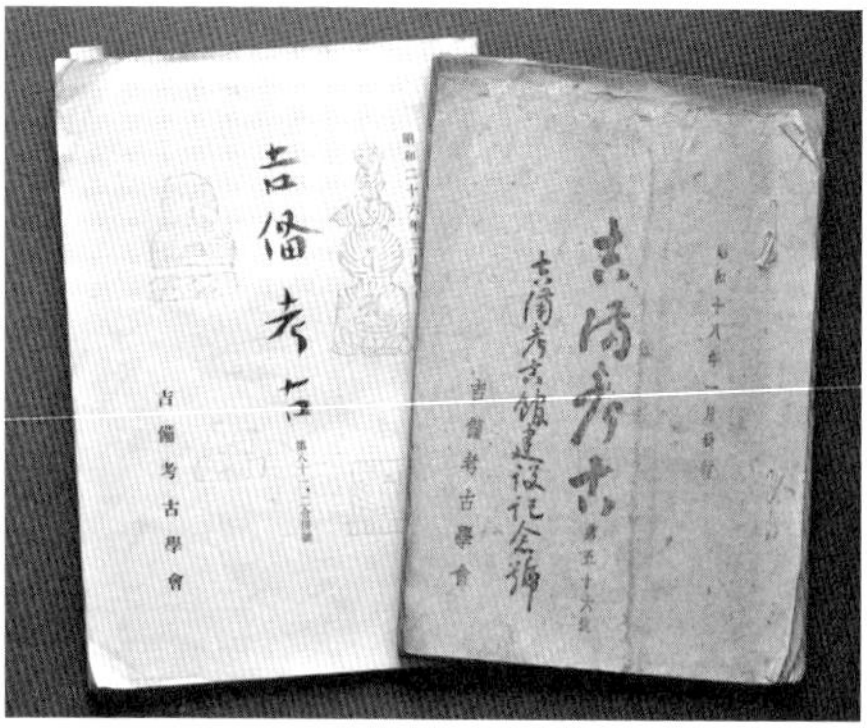

須恵器や窯跡の調査結果を発表した『吉備考古』

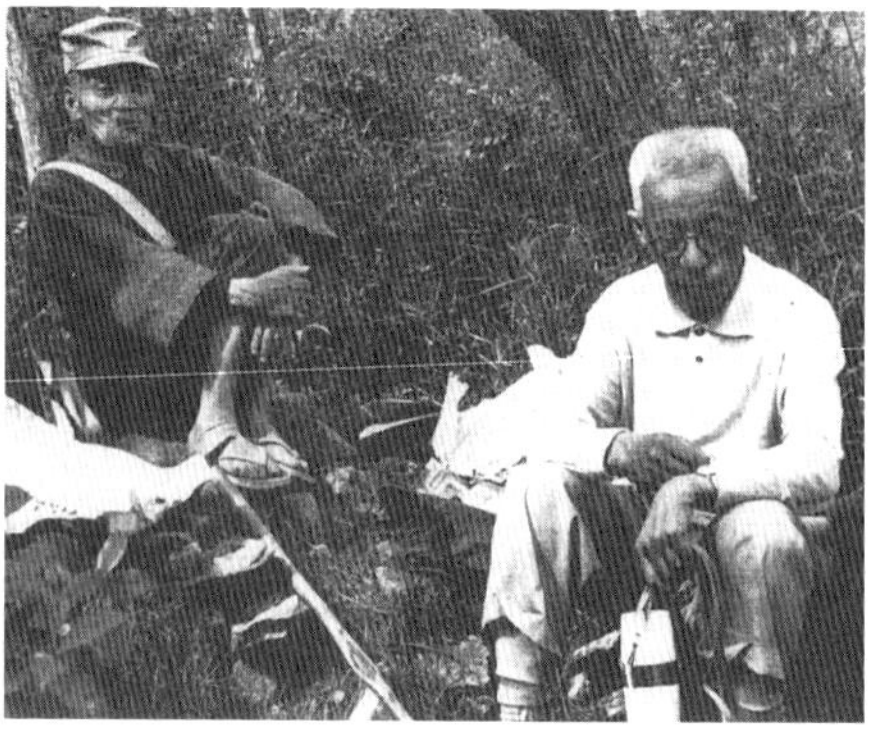
門田貝塚を発見した長瀬薫氏（右）と黙水さん

てるようになる。

昭和2年、31歳になった黙水さんは1つの転機を迎える。寒風の地でつまみの付いた杯の蓋を拾ったことをきっかけに、須恵器に関心を持つようになるのだ。当時はまだ考古学の草分け的な時代。しかも縄文式土器や弥生土器は注目されたが、須恵器に関心を持つ人は専門家でさえ少なかった。そんななか黙水さんは、寒風の須恵器をひとりでコツコツと掘り起こし、遺物を集めはじめた。

翌年、「考古談話会」（後に「岡山考古会」、さらに「吉備考古会」と改称される）の活動に関わるようになり、やがて入会。会員の水原岩太郎、永山卯三郎、桂又三郎、長瀬薫らから刺激を受け、徐々に学術的な知識を身につけていく。

焼き物が落ちているということはこれを焼いた窯があるはずだと、窯跡の調査にも取りかかった。以来、須恵器の蒐集と窯跡を見つけることに情熱を燃やし、暇さえあれば、邑久郡（現・瀬戸内市）全域を歩き回った。ことに寒風への思いは強く、昭和4年には窯跡解明のために遺跡の一部を買い取って発掘調査をつづけた。

備前焼研究家、桂又三郎氏（左）と黙水さん

時實黙水氏の考古学の原点

馬場昌一（瀬戸内市中央公民館長）

黙水氏と寒風古窯跡群の須恵器との運命的な出会いについて、機関紙等の記事や自身の調査日記から調べてみました。①～⑤のように幾つかの記録が残されています。

①「初めて完全な土器を発見したのが昭和2年で、実地の見学を始めたのが、その翌年であり、いよいよ本気でやりだしたのは昭和4年の秋からです」（「土器ト窯址ニ就テ」『吉備考古』第20号　昭和9年）

②「考古趣味ヲ生ジタノ　ワ　サブカゼノ土器片デアリマス」（『オクノカマアト1』昭和15年）

③「昭和2年、大土井八幡宮参拝の帰途、たまたま寒風窯址のかたわらで、須恵器のつまみ蓋1箇を採集」（「黙水翁上京記」『牛窓春秋』18昭和59年）

④「あれは昭和二年の正月のことじゃった。地元の八幡さまに初詣に出掛ける途中、田んぼの中で、つまみのついた須恵器のふたの破片を見つけたんじゃ」（平成3年3月17日付『山陽新聞』インタビュー記事）

⑤「昭和2年10月25日　邑久郡長浜村サブカゼ５１３６山ニテ高杯片　ツマミ付蓋（完全品）1點ヲ採集セリ。」（黙水氏の日記の写しを綴った『時實考古記』昭和2年10月25日～昭和10年3月23日）

以上の文献から寒風古窯跡群で初めて須恵器を意識して採集したのは共通して昭和2年であることが分かります。では何日にどんな須恵器を採集したかについて、①では日付はないが器種不明の完形品の須恵器を採集。③では大土井正八幡宮の参拝からの帰りにつまみを有する杯蓋1点を採集。④では大土井正八幡宮の初詣に向かう時、つまみ付き杯蓋の破片を発見。⑤では10月25日に寒風1号窯跡でつまみ付き杯蓋の完形品を採集、とあります。

月日について④では1月1日、⑤では10月25日と異なっています。抜群の記憶力を持つ黙水氏ですが、④は昭和2年から64年後のインタビューであり、採集した須恵器も破片であるなど他の文献と異なっています。それに対し、⑤は自身が書かれた日記なので、⑤の日記を根拠とすると、完形品のつまみ付き杯蓋1点の発見日は昭和2年10月25日で、黙水氏が31歳の時になります。以降、①によると昭和3年から遺跡の踏査が始まり、昭和4年の秋から本格的に考古学研究を始め、生涯にわたる考古学研究が続いていきます。

将来、寒風古窯跡群の学史的に貴重な資料となる、〝昭和2年10月25日銘〟の墨書きされた完形のつまみ付き杯蓋が見つかり、寒風陶芸会館展示室へ展示できる日を願っています。

三度の食事より発掘が好き

ワンピース風のユニークな服を考案

時實服とよばれる独特のスタイルで
発掘にでかけた黙水さん

須恵器の裏に墨で出土状況を記録

発掘に出かけるときの黙水さんの身なりは「時實服」と呼ばれる独特のスタイルだった。

木綿《もめん》の長そでワンピース風の服を着て、肩から布製のカバンを斜めがけ。夏はゴム草履、冬はゴム長靴を履いて、手には土掘りにも役立つ杖を持った。

ワンピース風の服は、山道を歩く時、藪や枝にひっかからないで歩けるよう、黙水さん自身が考案したものだ。「蒸し暑い日本に洋式の服は適さない」というのが持論でもあり、自分でデザインし、知人に縫ってもらっていたようだ。

斜め掛けしたカバンは、蒐集した遺物を入れるためのものだが、ほかに拡大鏡、地図、鉛筆、新聞広告の裏面の白紙を綴った手作りのメモ帳などを入れていた。

また、腰に下げた巾着状のポシェットには、金平糖や好物の乳ボーロ菓子、みかんなどが入っていた。出土し始めると、食事をとる時間を惜しみ、山の水を飲んですませたという。金平糖や乳ボーロは昼食の代わりとなった。

このようないでたちで、黙水さんはどこまでも歩いて出かけた。邑久町、長船町はもとより岡山市内に行くときも、電車やバスは滅多に利用しなかった。草の根をかき分けるようにして山の中の窯跡を探し、陶器の破片らしきものを見つけると、拾いあげて丹念に調べた。

掘り起こした遺物は自宅に持ち帰り、裏に「発見した年月日」「場所（地番）」「深さ」などを墨で書き記した。遺物がどの窯から出たものかを後世に伝えるこの「記録」が、その後の須恵器研究に役立ち、資料の学術性を高めたといわれる。

また、書物と照らし合わせて出土品の種類や年代を調べ、ノートに記録していった。疑問に突き当たると同じ場所に何回でも足を運び、研究者に尋ねたりして、納得がいくまで調べた。寒風から出土した須恵器は多彩で、鴟尾、陶棺、硯、甕、壺、杯、皿類などのほかに馬、亀、土鈴などもあった。

黙水さんが暮らしていた鶏舎は、床にも棚にも須恵器が積み上げられ、夥《おびただ》しい数の陶片が、吊し柿のように縄で

掘り起こした須恵器には、発見した日や場所、深さなどを墨で記した

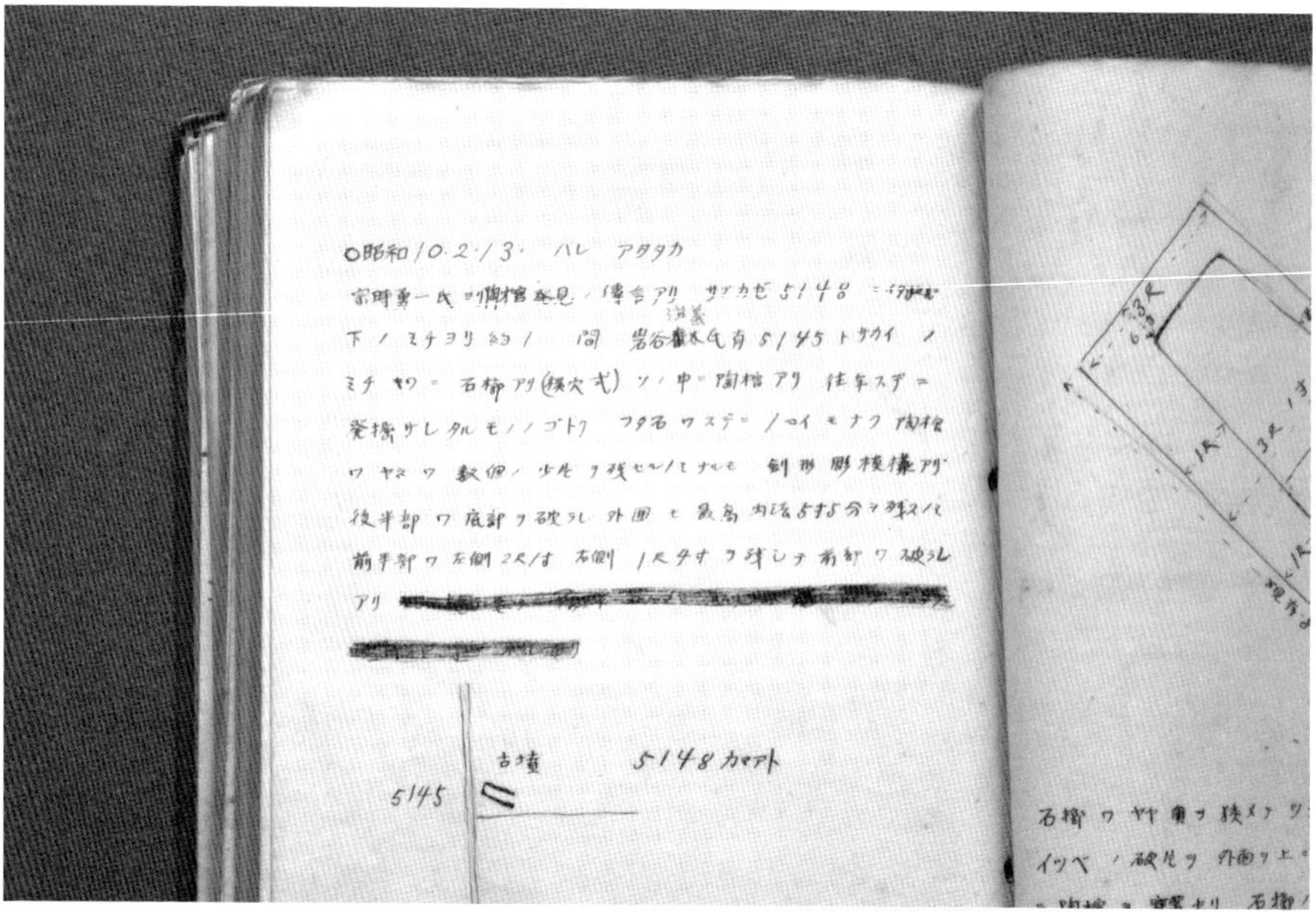

寒風古墳を発見した日のことが書かれた日記

『苦窳亦至宝（くゆまたしほう）』とは、歪み、割れたものも、また宝だという意味

括られて天井から下がっていたという。

余談になるが、保管していた遺物のなかに「苦《く》窳《ゆ》亦《また》至《し》宝《ほう》」と墨書きされた甕の破片があった。恩師の赤枝梅軒（小太治）に揮毫してもらったもので、「歪み、ねじれて窯跡に捨てられたものも、千数百年の後に参考品となる。これも亦珍重すべし」という意味だとか。

この書について黙水さんは『長浜村誌』のなかに、「私がもし世間有用の人物なら、東奔西走、席の温まるいとまもなく、悠々と窯跡めぐりなどする暇もないだろう。世間無用の人物なればこそ、好きな道を行くことができる。『苦窳亦至宝』と自ら慰めているのだ」

と書き残している。水の如く淡々と、謙虚に生きた黙水さんらしい言葉だ。

時實黙水翁の思い出

小西通雄（備前市在住。高校時代から黙水さんと交流）

　黙水翁に須恵器の窯跡を案内していただいた最後の世代でしょうか。約半世紀になろうとしています。

　高校1年生の時、長瀬薫翁の設立された邑久考古館で、長瀬翁から黙水翁のひととなりはよく聞いていました。高校2年の春休みに、岡山大学の近藤義郎先生による、現在は国の史跡に指定されている門田貝塚の発掘調査に参加しました。その時、近藤先生が懇切丁寧に説明されている独特の服装のご老人が黙水翁でした。

　後に、黙水翁の案内で窯跡へ行くようになりました。邑久町亀ヶ原の窯跡を案内していただいた時、黙水翁は75歳ぐらいでしたが、10代の私と歩調を合わせていました。今思うと、ものすごい健脚でした。道すがら、お茶や薬草に使える草木や万葉集の歌などを教えていただきました。「児《こ》の手柏《てがしわ》」これだけは覚えています。後年、「奈良山の児の手柏の両面に……」という歌であったことを知りました。

　黙水翁は、人間生きていく上で必要最小限のものがあればいいという、質素でエコな暮らしぶりをされており、再利用は当たり前でした。万葉集にも造詣深かった黙水翁からいただいた、昭和5年刊の岩波文庫、佐々木信綱編『万葉集』（上・下巻）が私の書棚にありますが、おそらく古書店で購入されたものでしょう。表紙は、厚紙に、不要になった蚊帳を張り装丁しています。文庫本ですので普通ならば傷みが激しくなっているはずですが、装丁しているためしっかりとしています。昭和45年にいただいたもので、蚊帳の深緑色も褪色していますが、私には大切な宝物となっています。

　黙水という号は、俳号とのことは知っていましたが、一度も俳句に関してはお話をされたことはありませんでした。今年（平成23年）、「黙水さんまつり」で黙水さんの俳句を拝見し、驚きました。

　しけ降りになろうとする
　麦の穂波を眺めている

　すゞかけがその様に咲いた
　黄昏を喜ぶか

　岡山県の考古学の先覚者として、須恵器窯跡や師楽式土器の研究、民俗学の分野など、多大な事績を遺された黙水翁の若き日の自由律句には感動し嬉しく思いました。

　最後に、平成3年の賀状です。「早々の賀状有難うございます。昨年六月二十八日より表記のところに御世話になってゐます。此頃思ふことは何か政治がまちがってゐると云ふこと。自己何か大切なものをなくしたと思ふこと。御健勝念上ます。時實黙水（九六）一月三日朝」。

岡山県の考古学の大先達

昭和3年8月、考古談話会のカベラ焼（須恵器）研究旅行で民俗研究家の島村知章と出会った黙水さんは、民俗学の世界にも足を踏み入れるようになる。

昭和3年から6年にかけて、瀬戸内市や備前市の方言、童謡、土俗資料、墓制資料、年中行事、妖怪、民間食物、禁諱《きんき》植物などについて精力的に調べ、『岡山文化資料』に発表した。

昭和9年には、『岡山民俗叢書《そうしょ》第九篇』の中に、県内方言研究の第1号とされる「岡山県邑久郡方言」を著した。方言の研究は終生続け、また、民具の蒐集にも力を注いだ。それにしても、文学、考古学のみならず、民俗学の世界にもこれほど情熱を傾けていたとは驚きだ。

民俗学の研究から考古学へと活動の比重が移り始めるのは昭和8年頃。これ以降、須恵器や窯跡の調査結果を吉備考古会の機関誌『吉備考古』に積極的に発表し続ける。『吉備考古』第20号～25号、27号～29号には、「土器ト窯址ニ就《つい》テ」と題して、須恵器甕の文様や須恵器の種類などについて報告している。

昭和15年から21年の間には、『オクノカマアト（大伯《おおく》ノ窯址《かまあと》）』という5冊の資料

ガリ版刷りで本を自費出版

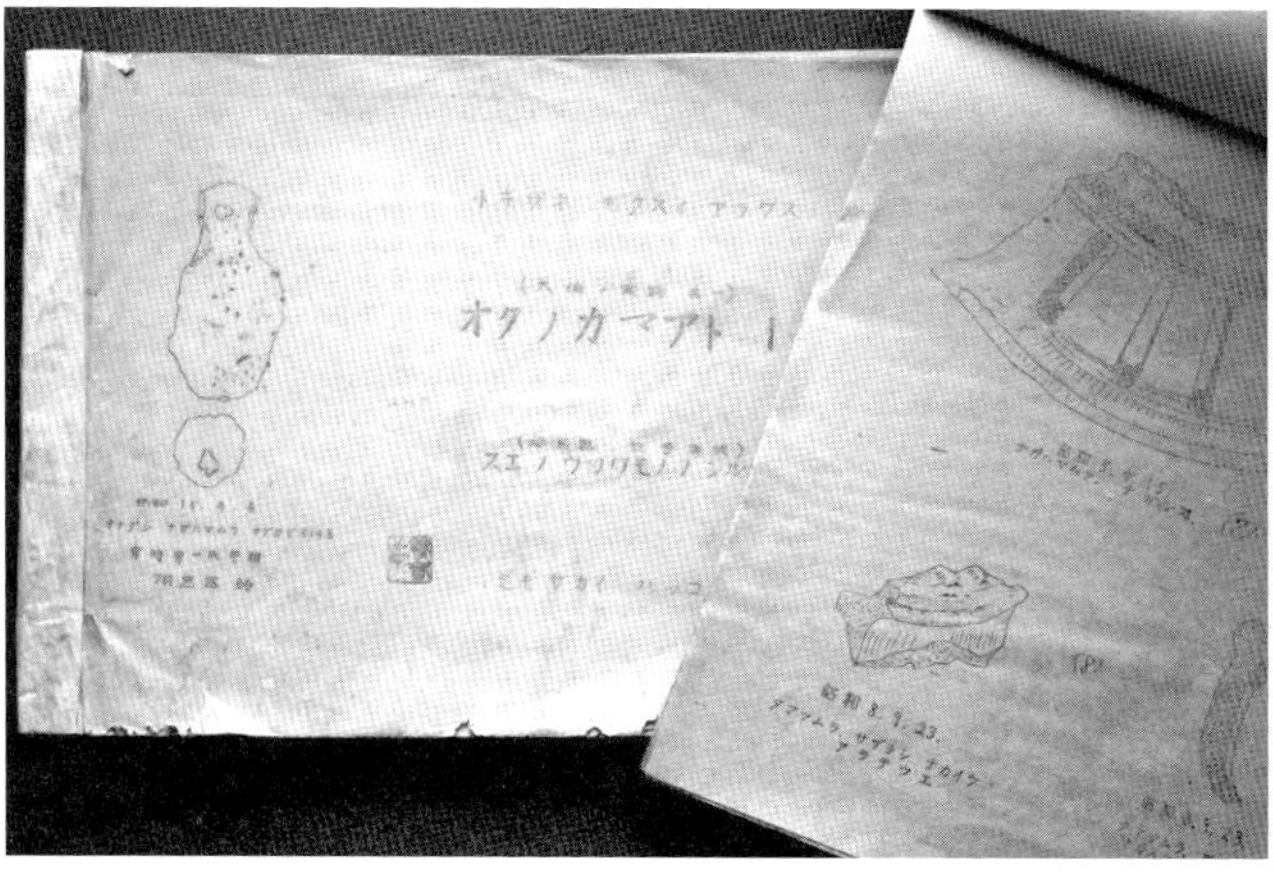

須恵器の調査結果をまとめた黙水さんの著書『オクノカマアト』

集をガリ版刷りで自費出版。寒風古窯跡群をはじめとする邑久古窯跡群での調査・研究結果を発表した。このほか、『大伯ノ古瓦』『大伯ノ石器』といった資料集も自費出版している。

カメラを持っていなかった黙水さんは、写真の代わりに出土品を克明にスケッチして載せた。その描写の正確さにも敬服する。

さらに、黙水さんは遺跡の保護にも尽力した。寒風古墳を発見した日の日記には、次のような内容のことが書かれている。

「昭和10年2月、寒風古墳発見の知らせを受けて調査に向かった。古墳には須恵質の棺が納められており、さらに棺の下に須恵器の破片が敷き詰められた珍しい古墳だった。これを詳細に観察して記録を残した。そのうえで土地の所有者と相談し、大変珍しい古墳だから、このまま埋め戻して保存することを提案した」

この時、土地の所有者が快く応じてくれたことを、黙水さんは「欣快《きんかい》」と非常に喜んでいる。遺跡保護に対する黙水さんの熱い思いが伝わってくるようだ。

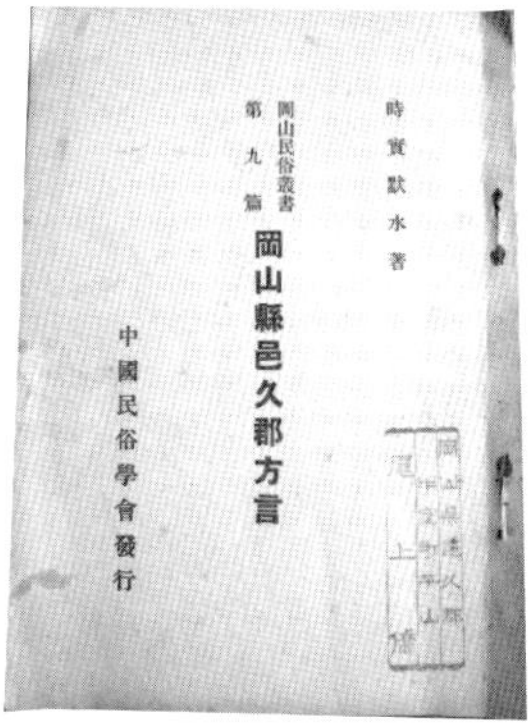

邑久郡地域の方言を集めた黙水さんの著書『岡山県邑久郡方言』

寒風古窯跡群が国の史跡に指定される

研究成果を発表し続けたことで、寒風古窯跡群は全国の考古学者たちから注目されるようになる。そして、昭和53年、岡山県教育委員会が奈良国立文化財研究所の協力のもと磁気探査に乗り出した。黙水さんがひとりでコツコツ須恵器を集め始めてから実に50年後のことだ。

この時、黙水さんは調査団の案内役を務めたが、「調査は25年遅かった……」と

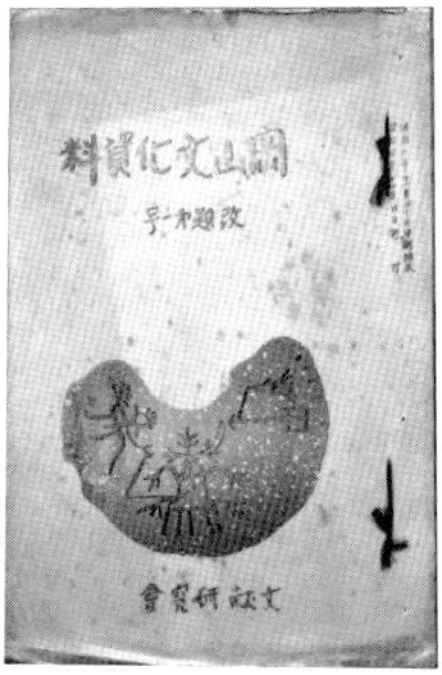

黙水さんは、民俗学の調査結果を『岡山文化資料』に発表した

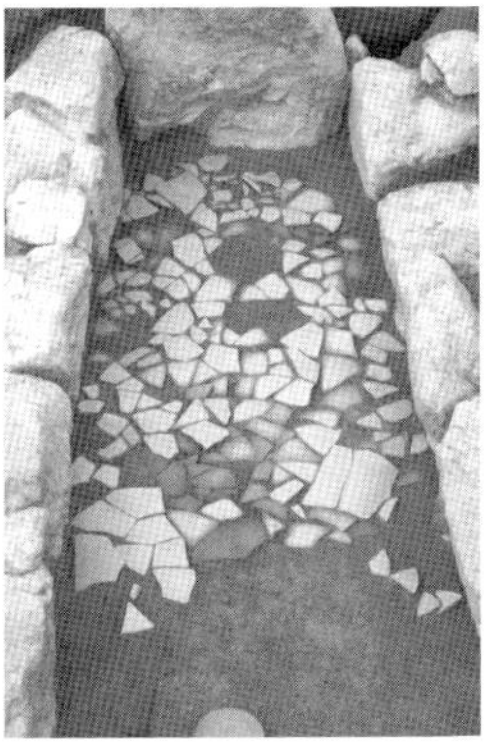

棺の下に須恵器の破片が敷き詰められた「寒風古墳須恵器床」

漏らしたそうだ。高度経済成長期の国土開発に伴って埋蔵文化財が次々と姿を消し、また考古学ブームのさなかに遺跡の多くが盗掘された。寒風古窯跡群もまた例外ではなかった。それでも黙水さんは、「寒風の窯跡は人工的に手を加えないで、このまま保存してほしい」と調査後のことを心配したという。

　調査の結果、寒風古窯跡群は「官窯（国家の窯）」の要素が濃い重要な窯跡だということがわかった。古代の邑久郡（現・瀬戸内市と岡山市東区の一部と備前市の一部）が古墳時代から平安時代にかけて須恵器の一大生産地だったということ、さらに、邑久古窯跡群で生産されていた須恵器が、中世になって誕生する備前焼のルーツであることもわかってきた。

　黙水さんの研究は学会でも高く評価され、岡山県の須恵器研究を語るうえで、欠かせない存在となっていた。

　磁気探査が行われたのと同じ年、82歳の黙水さんは、長年の努力が認められて、勲六等瑞宝章《くんろくとうずいほうしょう》を受章した。また、昭和61年に寒風古窯跡群が国の史跡に指定され、その2年後、寒風陶芸会館の中庭に陶像が建てられた。

　生涯結婚もせず、考古学研究の道ひとすじにコツコツ集めた遺物は1万点以上、破片も含めると数万点にのぼるという。「時實コレクション」と呼ばれるこれらの遺物のうち、戦前に採集されたものの多くは、昭和19年に都窪郡《つくぼぐん》山手村（現・総社市地頭片山）の吉備考古館に渡った。戦後に採集された遺物の一部は現在、寒風陶芸会館に展示されている。中庭の陶像の黙水さんが、史跡と展示遺物を見守るかのように佇んでいるのが印象的だ。

　晩年、養護老人ホーム「長船荘」で暮らすようになってからも、近くの遺跡にちょくちょく出かけていたという黙水さん。平成5年、97歳の天寿を全うするまで、考古学への情熱が失われることはなかった。

昭和 53 年、勲六等瑞宝章を受章

昭和 53 年、寒風古窯跡群の調査団に説明する黙水さん

寒風陶芸会館の展示資料室

偉大なる〝スカートのおじさん〟

そのユニークないでたちから、地元では〝スカートのおじさん〟というあだ名で呼ばれ、〝変わった人〟と見られていたが、黙水さんをよく知る人たちはこぞって彼を魅力的な人だったと話す。

亡くなって20年以上経った今も、面影が薄れていくどころか、より鮮明に、懐かしく思い出される人。これほど強烈な印象を残す黙水さんの魅力とは一体どのようなものなのか。

黙水さんの人柄を表わすエピソードとしてよく挙げられるのが、総理大臣官邸に招かれた時の話だ。

昭和53年、黙水さんは82歳の時に勲六等瑞宝章を受章した。その翌年、内閣総理大臣から「勲章を受けた人の懇談の集い」に招かれた。ハレの席だからと、親族は紋つき羽織袴《はおりはかま》を準備するが、黙水さんは「招待状には〝平服で〟と書いとるから、いつも着慣れとるこれでええ」と言い、時實服（ワンピース風の服）で一人上京した。ところが、風貌が異様だったため、入り口で門番に止められ、招待状を見せてやっと入館を許されたという。世間体や一般常識に捉われず、信念のままに生きた黙水さんらしい逸話だ。

黙水さんはまた質素倹約を旨とし、「人間、生きていく上で必要最低限のものがあればよい」という考えをもっていた。

日本中がバブル景気に沸いていた時代でさえ、無駄なものは買わず、質素でエコな暮らしを貫いた。たとえば、植物や漢方医学に精通していたということもあり、薬やお茶は自家製。メモ帳も新聞広告などを利用して作り、不要になった蚊帳《かや》でブックカバーを手作りした。

また、服装からもわかるように、黙水さんは合理的で独創的な考えの人だった。ニワトリの餌のやり方もユニークだ。一般の人は葉っぱを刻んで餌箱に入れるが、黙水さんは葉っぱを丸ごと上から吊るして、ニワトリに自由に啄《つい》ばませた。なぜ

生きる上で必要最低限のものがあればよい

こんなやり方をするのかと聞かれると、「ニワトリはヒマですからなあ」と答えたという。

モノやお金がなくても考え方次第で楽しく生きられる——。黙水さんを見ているとそんなふうに思えてくる。

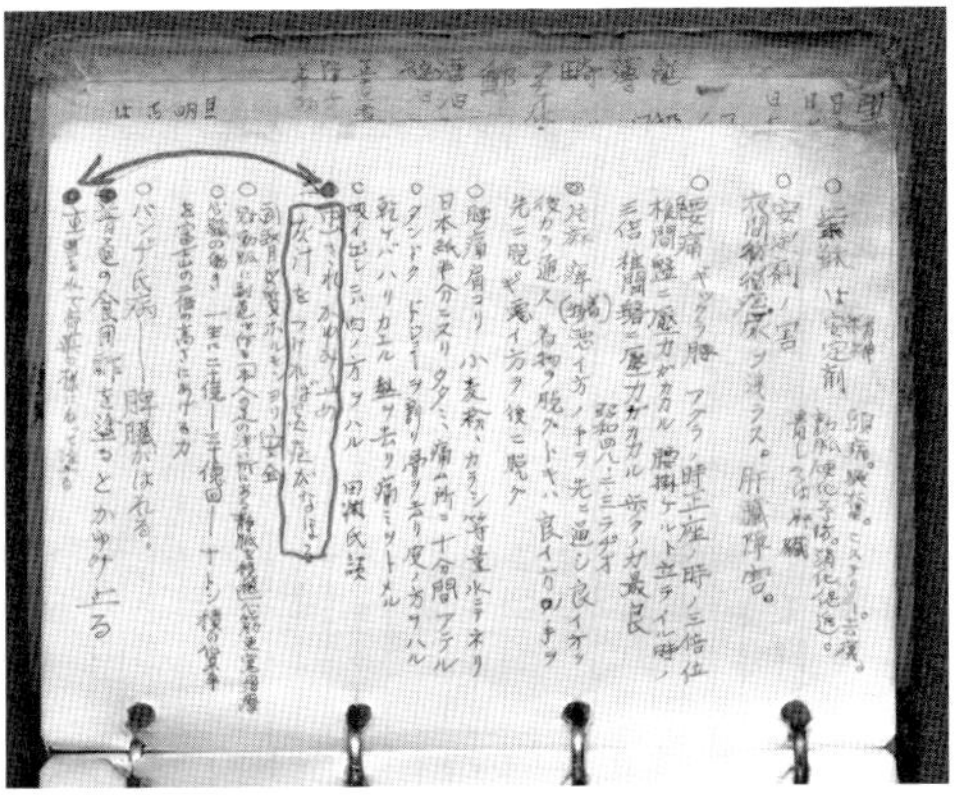

民間療法のメモ。

君を識《し》り得《え》し事　誇り居り候

もう1つ、黙水さんの人となりを見事に言い得た文章を紹介しよう。

「ひとりの男が、金も望まず、名も欲せず、妻さえ娶《めと》らず、生涯を賭けて郷土研究に打ち込む。一片の土器片の蒐集に生きる喜びをかけて五十年。小さな断片に時と処と状態とを昨日の如く瞳を輝かして生き生きと語る時実さんの最後の願いは、自分の生涯の蒐集品を一堂に蒐めて郷土の役に立てたいことである」

当時、牛窓町立民俗文化資料館長だった松本幸男が、『牛窓春秋』創刊号（昭和56年2月発行）に載せた文章だ。彼はだれよりも深く黙水さんを理解し、その功績や人となりを書き残した。

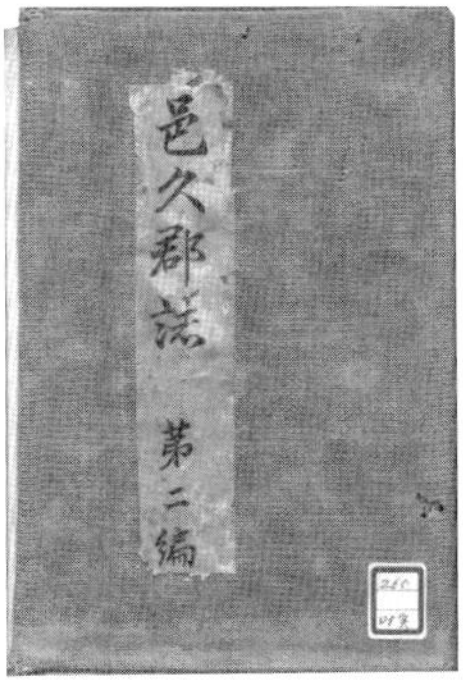

不要になった蚊帳などを利用して作ったブックカバー

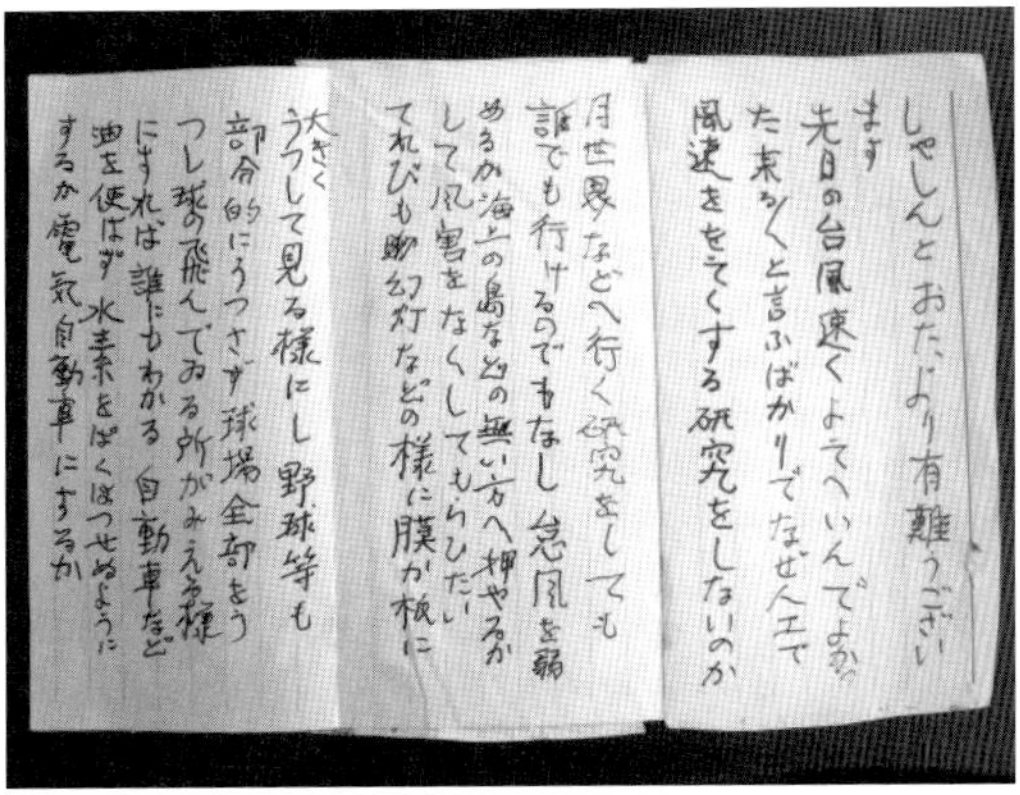

黙水さんの独創的な考えがわかる自筆手紙

松本氏をはじめとするよき友、すばらしい師に恵まれていたのも黙水さんの人徳だろう。彼のもとに届いた書簡類をみると、錚々《そうそう》たる人たちと交流していたことがわかる。

たとえば、陶磁器研究家の小山富士夫、戦後の考古学界をリードした近藤義郎岡山大学名誉教授、後に奈良国立博物館館長となる石田茂作、著名な俳人や民俗学者らの名前も見られる。

近藤教授は黙水さんを「先生」と呼んで教えを請い、だれより丁重に応対したという。また、世界的に有名な陶磁器研究家の小山富士夫は黙水さんに宛てたはがきに、

「荒村独静か　真実をもって一路きざまれる御姿又無く美しく　知友にも君を識り得し事誇り居り候　ひたすらなるあなたの情熱こそ偉大なる真理をひらく基石に候」

と、「知り合いになれたことを友人たちに誇りにしている」とまで書いている。

考古学における偉大な功績はもちろん賞賛に値する。しかしそれ以上に、黙水さんの人間性や思想、生き方そのものに、周りの人たちは強く惹きつけられたのにちがいない。

『牛窓春秋』には黙水さんの記録が多く残る

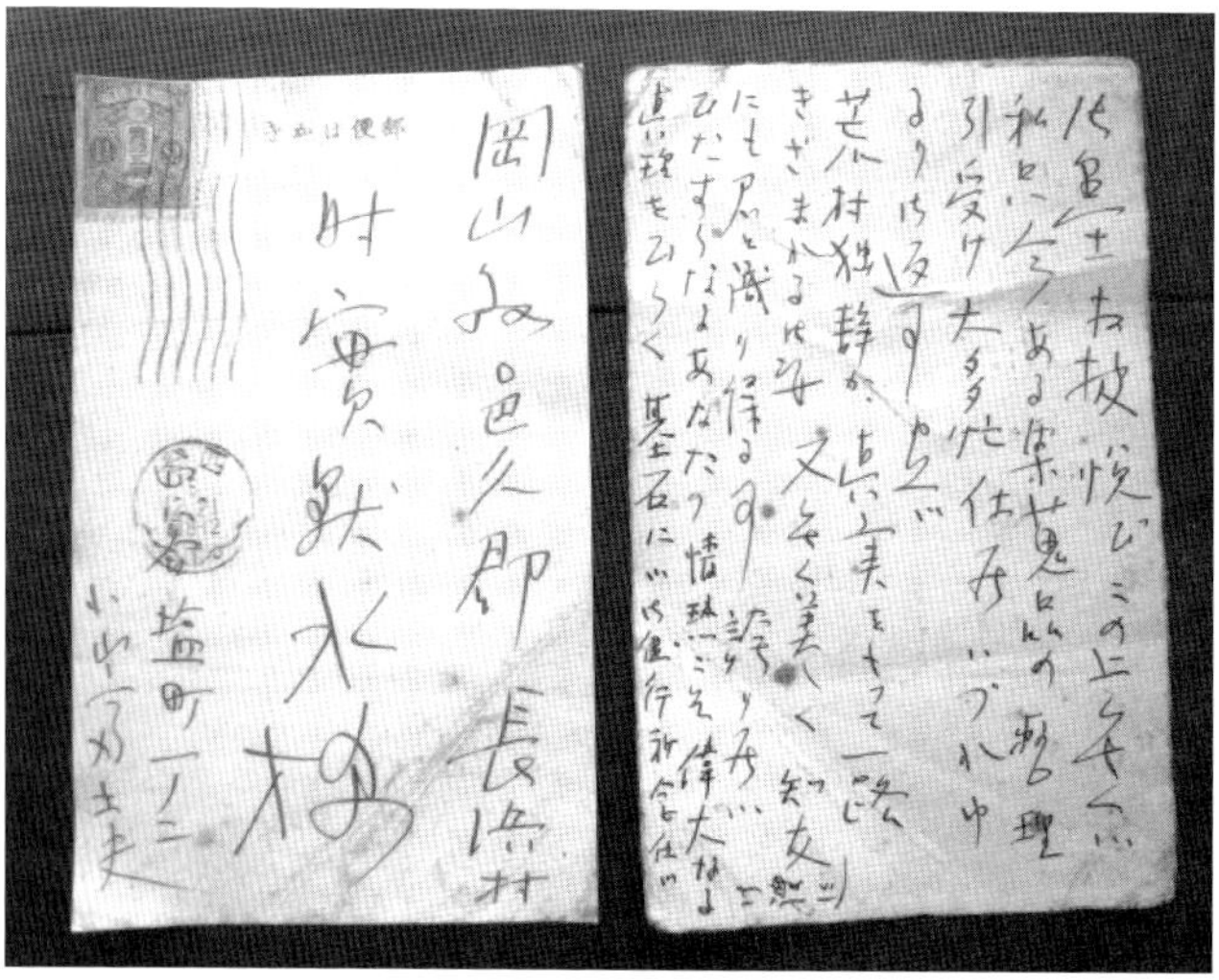

陶磁器研究家、小山富士夫から黙水さんに宛てたはがき

黙水さんと寒風で発掘調査

時實真寿子（黙水さんと同郷）

今から60年ぐらい前になるでしょうか。就将小学校（現：瀬戸内市立牛窓北小学校）の高学年の頃、社会科の時間に黙水さんが来られたことがあります。黙水さんと私の家は近くでしたから、「近所のおじさんがなぜ授業に来るんだろう？」と不思議に思いました。

その頃の私は、黙水さんが寒風古窯跡群の調査をしているとは知りませんでしたし、〝黙水〟という〝号〟すら知りませんでした。当時、村の人たちの間では、本名の〝時實和一〟で通っていて、村の人たちは「和一っぁん」と呼んでいました。いつもスカートをはいていたので、子どもたちは陰で、「スカートのおじさん」と呼んでいましたね。

社会科の授業では、およそ60人の児童が黙水さんと一緒に寒風へ行き、窯跡の案内をしてもらいました。場所は、宗時正勝さんの敷地から少し奥へ入ったところです。鍬のようなもので掘ったら、地中から陶片がザクザク出てきたのを覚えています。

以来、興味をもった子どもたちが数人、土曜か日曜に、黙水さんに連れられて寒風に行くようになりました。けれど、参加者は次第に減っていき、最後は私のほか1人、2人になりました。そんなある日、黙水さんが寒風池の近くを掘っていたら、細長い、大きな棒のようなものが出てきたんです。「これは陶棺の屋根の部分だよ」と嬉しそうに教えてくれました。黙水さんは、発掘していて、須恵器が出土すると、いつもニコッといかにも嬉しそうな顔をしたものです。

家にも何度かお邪魔して、いろんなものを見せてもらいました。寝室兼居間の部屋は、須恵器や土器のカケラだらけでした。括られた須恵器がつるし柿のように天井から下がっていました。それら蒐集品について説明してもらったり、牛窓の師楽という集落のことも教わりました。昔、朝鮮で大きな戦争があり、日本の海岸べりに朝鮮の人が多く流れてきて住みついた、と話されていたように記憶しています。黙水さんは、朝鮮のお金もいっぱい持っておられました。丸いお金だけでなく、細長いお金や鍵型のお金など、変わった形のものがありました。あのお金は今、どこにあるのかなと思うことがあります。

中学生になると、黙水さんとも滅多に顔を合わせなくなりました。それから何十年か経って、陶芸の指導員として寒風陶芸会館で働くようになり、この地の重要性や黙水さんの偉大さに気づきました。

私は、今でも古い窯跡を訪ね歩くのが好きです。それは遠い昔、黙水さんと一緒に寒風で発掘調査をしたり、須恵器について教わったり、面白い経験をさせてもらったからだと感謝しています。

（談）

素朴な黙水さんの華麗なる交友関係

手紙やはがきの差出人から、黙水さんの幅広い交友関係が見えてきた。世界的に有名な陶磁器研究家の小山富士夫、後に奈良国立博物館の館長となる石田茂作、著名な俳人や民俗学者ら、錚々たる人たちと交流があった。

水原岩太郎《みずはらいわたろう》
明治8年～昭和32年（1875～1957）

考古学研究家。岡山市内で実業に就く傍ら、考古学に関心をよせ沼田頼輔に師事。大正時代に同好者とともに「吉備古泉会」を結成。昭和19年に開館した吉備考古館の初代館長となる。岡山県の考古学の草分け的存在。

桂 又三郎《かつらまたさぶろう》
明治34年～昭和61年（1901～1986）

備前焼研究家。昭和2年頃から柳田国男、南方熊楠らの民俗学に傾倒。岡山県内の動植物、風俗、方言、歴史、美術などを研究する。備前焼も民俗学的手法で行い、研究成果を著書や講演などで発表、備前焼を全国に有名にした。

長瀬 薫《ながせかおる》
明治26年～昭和45年（1893～1970）

考古学研究家。邑久町に生まれる。青年時代から貝塚・古墳の研究に興味をもち、邑久郡内を中心に調査。門田貝塚や高砂山古墳群などを発見した。昭和11年、私設考古館の邑久考古館を開設。昭和41年、蒐集品のすべてを邑久町に寄贈し、町立邑久考古館の館長となった。

黒田《くろだ》幹一《かんいち》

明治15年〜昭和63年（1882〜1988）

独文学者・考古学者。邑久郡鶴海村に生まれる。ソウルの京城医学専門学校の教授などを務めた後、ドイツ留学を経て、昭和22年から鶴山村村長となる。中国古代貨幣の研究で知られる。

近藤《こんどう》義郎《よしろう》

大正14年〜平成21年（1925〜2009）

考古学者。岡山大学名誉教授。考古学研究会代表、前方後円墳研究会代表などを歴任した。戦後の日本の考古学を主導した重要な考古学者の1人。岡山県月の輪古墳の発掘を中心となってすすめ、埋葬施設、副葬品など古墳の総合的調査を行った。

玉井《たまい》伊三郎《いさぶろう》

明治21年〜昭和42年（1888〜1967）

考古学者。岡山県内各地の古瓦を蒐集し、昭和4年、『吉備古瓦図譜』を発刊。また、吉備考古学会副会長として雑誌『吉備考古』の執筆・編集につとめた。

島村《しまむら》知章《ともあき》

明治29年〜昭和5年（1896〜1930）

民俗研究家。岡山県出身。慶応義塾大学卒。三井物産、千代田火災に勤めるが健康を壊して大正13年に帰郷。桂又三郎と方言、年中行事、民間信仰などを研究し多くの著書がある。

石田《いしだ》茂作《もさく》

明治27年〜昭和52年（1894〜1977）

仏教考古学者。愛知県出身。日本の考古学の草分け的存在。若草伽藍（がらん）跡の発掘によって法隆寺再建説を立証した。昭和32年、奈良国立博物館長となる。

樋口《ひぐち》清之《きよゆき》

明治42年〜平成9年（1909〜1997）

考古学者。鳥居龍蔵に学び、昭和20年、母校國學院大學の教授。静岡県の登呂遺跡発掘をはじめ、多くの発掘調査にかかわるとともに、日本史、文化人類学などの幅広い分野についてマスコミで活躍した。

小山富士夫《こやまふじお》
明治33年〜昭和50年（1900〜1975）

陶磁研究家・陶芸家。岡山県浅口郡玉島町（現・倉敷市玉島）出身。大正14年頃から瀬戸、京都で陶芸を学ぶ。昭和7年、東洋陶磁研究所の所員となり古陶磁の研究に専念。東京帝室博物館、文化財保護委員会に勤務する。中国陶磁器研究の大家でもある。

塩谷鵜平《えんやうへい》
明治10年〜昭和15年（1877〜1940）

俳人。明治10年、岐阜県生まれ。河東碧梧桐《へきごとう》に師事し、晩年は自由律俳句をつくった。江崎村（岐阜市）で個人誌「土」を終生つづけた。

根岸博《ねぎしひろし》
明治22年〜昭和54年（1889〜1979）

医学者。埼玉県出身。東京帝大助教授を経て、昭和6年、岡山医大教授。日本最初の腎臓移植の動物実験に成功した。考古学研究者としても知られ、文化財保護に尽くした。

万代勝栗《まんだいかちぐり》
明治29年〜？（1896〜？）

岡山市出身。本名は万代鰌平。鐘紡岡山工場に勤務。大正7年に文芸雑誌『黍』を創刊し、短歌、俳句、冠句を掲載。父の万代義勝は山陽新報（山陽新聞の前身）の創刊に関わった新聞人。

大本琢寿《おおもとたくじゅ》
明治17年〜昭和47年（1884〜1972）

独文学者・考古学者。広島県出身。第六高等学校を経て、明治45年、東京帝国大学文科卒業。明治16年から、岡山医科大学、岡山大学の講師を務める傍ら、吉備考古学会を主宰。また余技の木版技術を生かした、拓本の秀作も残している。

尊敬する考古学者、黒田幹一氏（右端）を囲んで。一番左が黙水さん

嘘のない、100%信頼できる人

井上　章（郷土史家）

古代吉備埋蔵文化財センターが完成したとき、黙水さんと郷土史家の尾上隆志氏と3人で訪ねたことがあります。受付では、黙水さんの訪問ということで案内人が付き、ガランとした収蔵庫まで案内され、懇切丁寧な説明を受け、黙水さんのこの世界での地位の高さがうかがえました。

帰りに昼食に行こうとすると、黙水さんはカバンの中に飴があるから行かないと言います。いつも山に入るときは飴が飯代わりだということでした。しかし、こちらは空腹ですから、「うどんでも」と、強引に店に入り、頑固な黙水さんにはいなり寿司を食べてもらって一安心した記憶があります。

ある時、黙水さんが黒田幹一先生（※35ページ参照）に会いたいと言われ、尾上氏と3人で訪問しました。黙水さんは黒田先生を尊敬していたとみえ、珍しく、黙水服の上にブレザーを着用して来られたので、記念撮影しました。その写真は後年、葬式用に使われました。当時、黒田先生は100歳を超え、目と耳が衰えていましたが、気力は充実しており、頭の中には何冊分かの原稿が残っていると言われていました。黙水さんは、黒田氏のワンマンショーをニコニコと笑顔で聞かれていましたが、今思えば、最後の挨拶に行かれたのかもしれません。

自宅を訪問するようになると、家の中にある出土遺物について片っ端から質問しました。すると、よくぞ聞いてくれたといわんばかりに、イキイキと話してくれました。話題は、考古学に関わる人たちについてや、須恵器の窯跡、古墳、諸々に及びましたが、黙水さんほど的確に答えてくれる人はいませんでした。記憶力のよさに感心したものです。時々、首をひねり、答えが出ないこともありましたが、後日、はがきで答えてくれるか、次に会う時までに答えを出してくれ、100%信頼できる人だなと感じました。

考古学界誌に載らない裏事情などもいろいろと教えてもらいました。しかし、やがて、吉備考古学会会長の大本先生（※36ページ参照）が「これからは好きでやっているだけではだめだ。本手の時代だ」と言われ、岡山大学に招聘された近藤義郎教授（※35ページ参照）を招き、長瀬薫氏（※34ページ参照）、黙水氏の案内で門田貝塚、寒風古窯跡群の発掘がなされました。今日、門田貝塚と寒風古窯跡群が国指定の史跡に成り得たのは2人と岡山大学考古学教室のおかげです。古代の瀬戸内市に豊かな自然と、須恵器という先端産業があったことを教えてくれた2人は、名誉も金も求めず、ひたすら自分の信じる道を突き進んできた気骨のある人でした。

幅広い知識を裏付ける膨大な蔵書

考古学だけでなく、民俗学、文学、漢方医学、万葉集、植物などにも精通していた黙水さん。彼が残した1000冊に及ぶ蔵書は、考古学、歴史・古記・文学・児童・民俗・漢方薬・漢籍・詩歌・宗教・芸術など、幅広いジャンルに及んでいる。

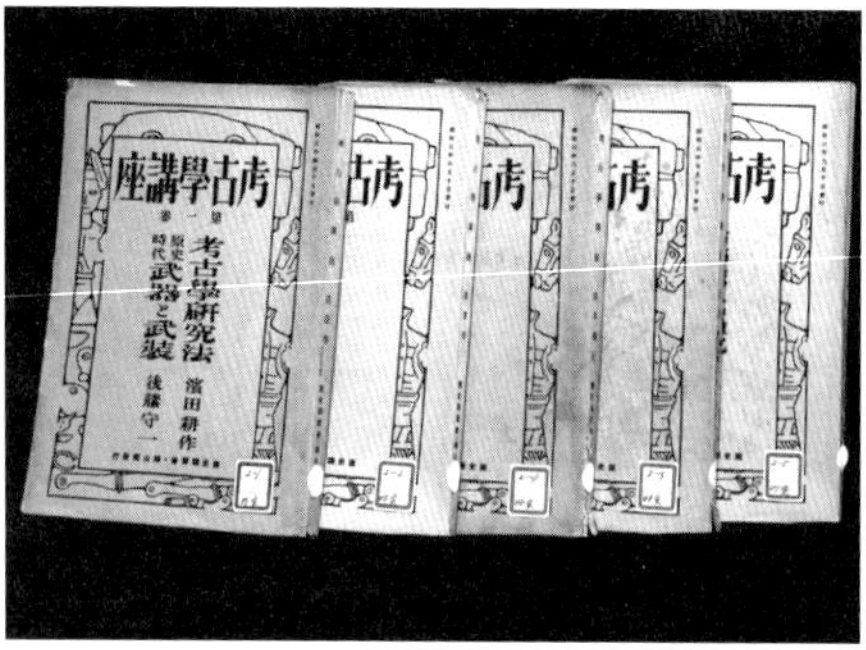

やはり考古学や歴史書、古記が多い

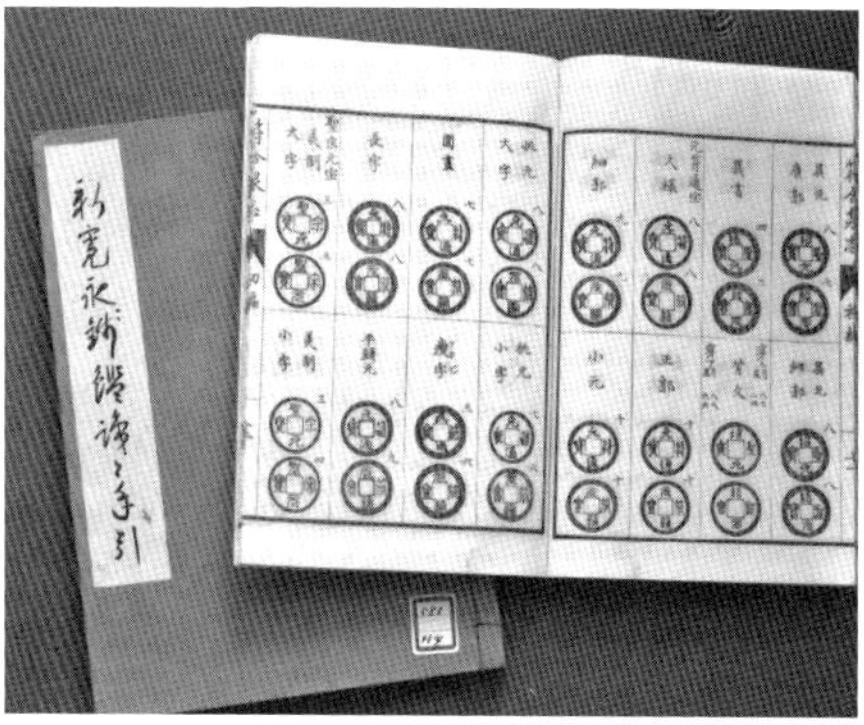

古銭の本。黙水さんは古銭もたくさん蒐集していた

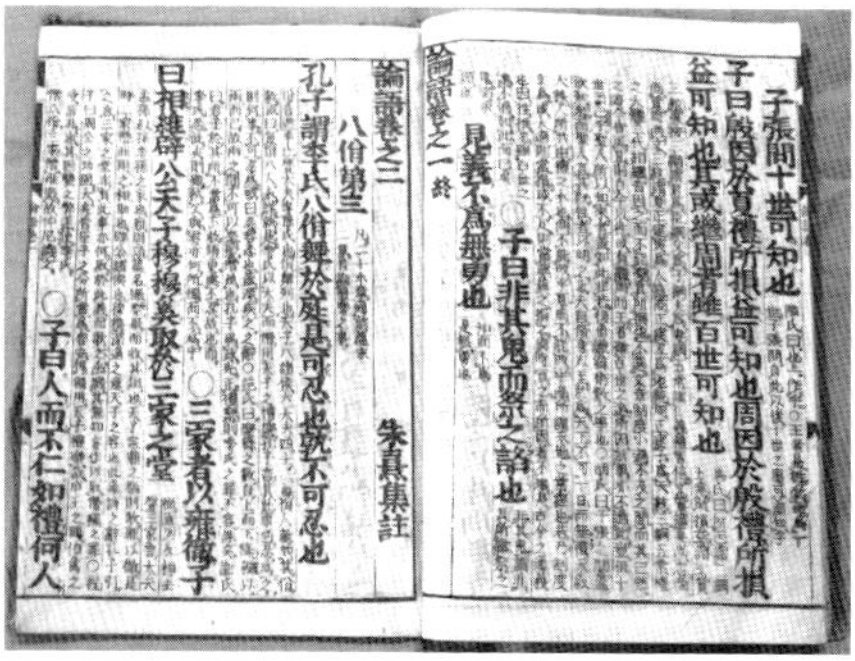

『論語』1000冊の蔵書の中に漢籍が150冊もある

柳田国男の著書。民俗学関連の本も多い

『中央史壇』

『符号泉志』これも貨幣に関する本

『邑久郡誌』

地元の歴史書『長浜村誌』にも寄稿していた

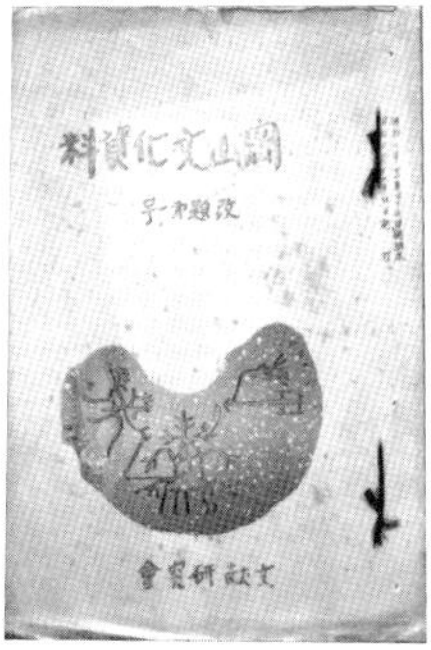

桂又三郎と島村知章が中心になって発行していた民俗学の本

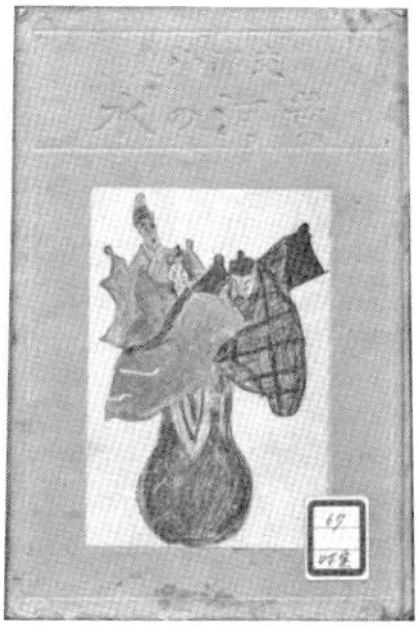

『黄河の水』万葉集からミステリー小説まで、文学の本は約300冊

竹久夢二の装丁が素敵な詩集

明治時代の児童書。子どもの頃、叔父から送られたと思われる

黙水さんの図書目録

廣畑一男（画家）

紙芝居『黙水さん』を描いたご縁で、『オクノカマアト』をはじめ没後寄贈された多くの図書・文書があることを知り、市教委へ願って目録の控えを縦覧させてもらった。目録には没後2ヵ月、平成5年8月作成とあった。

1000冊を超える図書は、考古・歴史・古記・文学・児童・民俗・漢方薬・漢籍・詩歌・宗教・芸術・貨幣・辞書・教科書・月刊誌など多岐にわたる。なかでも漢籍は、四書五経はもとより文章規範・十八史略・懐風藻・藩翰譜・日本外史など、150冊を超えるのに驚く。『牛窓春秋』によれば、この頃、長浜に白井篁村という漢学者を招き、盡誠社と命名、昼間は年少者、夜は青壮年を中心に、日本外史・論語・文章軌範などを学ぶものが多数あったよしである。

考古・歴史は、『日本石器時代提要』にはじまり、『古事記』『日本書紀』『平家物語』と続く。なかに昭和18年発行の亀井勝一郎著『大和古寺風物誌』があり、本棚から赤茶けた戦前の本を取り出して懐かしんだ。

文学は300冊。幸田露伴、正宗白鳥、茂吉、漱石、鴎外などのほか、野村胡堂の捕り物全集、コナンドイル全集などが並んでいて楽しい。児童では、巌谷小波の『世界お伽噺』『お伽歌劇』などが明治期発行だったほかは、『世界のお伽噺』『小公女』『岩窟王』など、昭和戦後の本であった。

民俗は、長浜出身の土井卓治著『郷土の生活史』や、邑久高等小学校先輩の古武弥四郎博士の伝記、『邑久郡誌』などにまじって、黙水著『邑久郡方言集』、黙水筆写『吉備の歌人 平賀元義』などがあった。漢方薬は、漢方医学十講・ツボの研究・薬になる植物などなど、健康への関心がうかがわれる。詩歌は、子規名句集や鹿鳴集・歳時記等、若くから関心があったようで句作も多い。

月刊誌には早稲田大学・日本普通学などの講義録があり、また『オクノカマアト』『太伯ノ石器』など謄写版の自家製本があった。

図書のほかは、記録・拓本・写真・書画・葉書手紙・雑の項に分かれ、記録では、川柳・短歌・俳句・日記・研究日誌・印刷稿・カナモジ会書類など。特に拓本は、調査・発掘した須恵器土器から製塩のシラク式土器をはじめ、碑・瓦・釣鐘・鰐口など、4000枚を超えていた。

黙水まつりに展示されていた陶磁器学者・小山富士夫氏の葉書

「荒村独静か真実をもって一路きざまれる御姿又無く美しく知友にも君を識り得し事誇り居り候　ひたすらなるあなたの情熱こそ偉大なる真理をひらく基石に候」

の文面どおりの生涯を物語るものであり、よくもこれだけと感銘の念をいっそう深くした。

いま筐底にあるこの品々の、少しでも衆目にふれる機会があることを切に願うものである。

文学青年だった、若き日の黙水さん

16歳から28歳頃まで、黙水さんは自由律俳句や短歌に親しんだ。同人誌『海紅』『黍』『だいだい』『土ばし』などにしばしば投稿し、非凡な才能を発揮している。ペンネームは、俳句は「黙水」、短歌は「ねむの木ねむる」と使い分けていた。

『海紅』第3句集（大正10年10月号）

黙水

窓さき楠の實熟れて落つのみ
梨の一つ掌にまろしいづくへ行かん
寒鮒さげ来し子がずんずん這入り来る家

『黍』第2周年号の1（大正8年10、11月号）

ねむの木ねむる

ものおもふいとまもあらずひとなみに
おされながらにていしやばをいづ
ふるさとのつゆのこみちのつゆをふみ
つゆをふみつつひにむかひゆく
十二時も一時もすぎてねむられぬ夜の
この世にひとりまことひとりのわれなるか

『海紅《かいこう》』
大正4年（1915年）3月、河東碧梧桐主宰、中塚一碧楼を総編集責任者として創刊された自由律俳句誌。現在も継続発刊されており、平成26年5月号で通巻1222集に至る歴史ある俳句誌である。

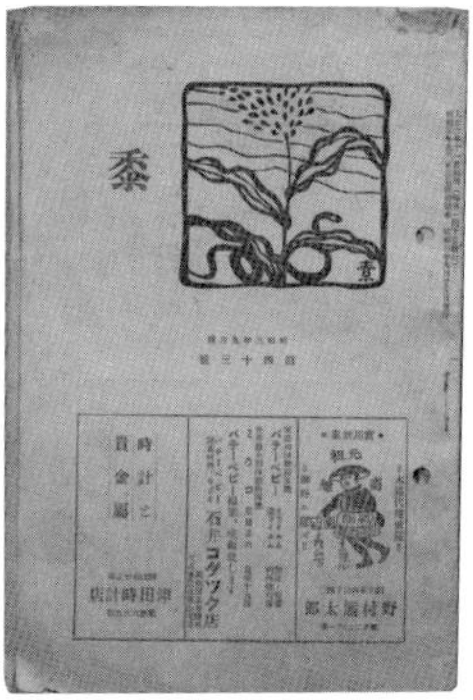

『黍《きび》』
大正7年（1918年）1月創刊の文芸雑誌。短歌、俳句、冠句を掲載。編集兼発行人は万代鰌平（勝栗）。

『だいだい』第7号（大正12年8月）

ねむの木ねむる

ひつそりと応接室の片隅の
壁に身をよせ雲をみてをり

草摘むと朝餉も食はず登り来し
此の丘の上ゆ光る海見ゆ

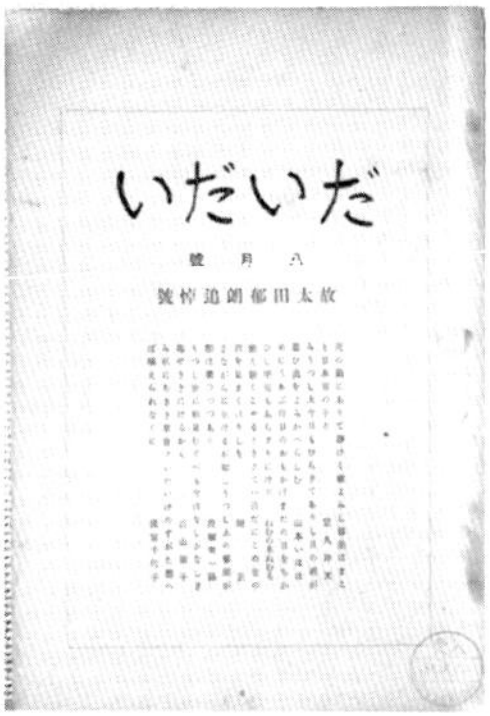

『だいだい』
大正10年（1921年）5月創刊の短歌雑誌。編集兼発行人は黙水さんと邑久高等小学校のとき同級生だった太田郁郎。郁郎没後、上代皓三に交代。誌名は当初「橙」、第4号から「だいだい」。大正13年1月号より月刊となった。終刊は不明。

『ミモザ』大正9年第4号

あられふれふれ麦畑ぶち犬かけてゆく

早春の姿見のやせたる影はわが姿

紫の衣緋の衣早春の葬ひの山邊

『ミモザ』
大正9年（1920年）4月、出射三鳥（黙水の兄守一の同級生）、黙水らにより長浜村で創刊された文芸誌。発行人は川崎明始。全国から投稿者参加。

『土ばし』第1号

苦しく平凡のたどる此の世の春星
またたけり

熊さん先込銃ひっさげ梅花盛り

若葉の夜の潮鳴淋しう灯る

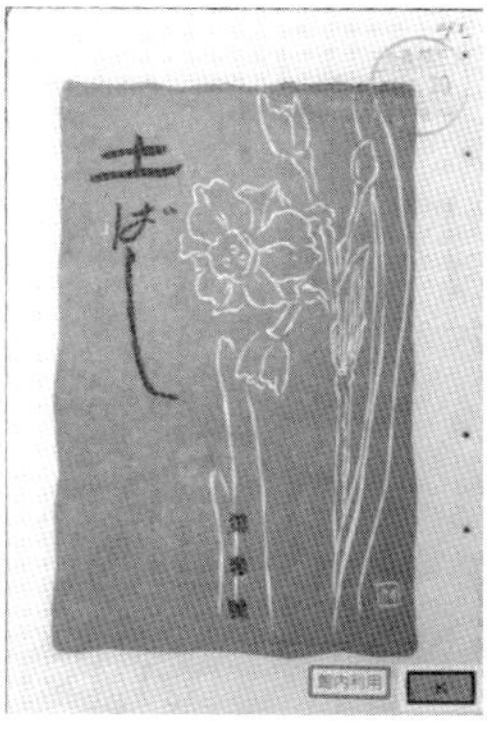

『土ばし』
浅口俳句会（大正6年10月結成）の機関紙、大正10年（1921年）12月創刊。

「草千里濱」を朗誦した黙水さん

荒木瑞子（親戚）

初めて1人で「長浜のおじさん」を訪ねたのは、高校2年生の秋である。ちょうど日本史や古文の授業が面白くなっていた時期だったと思う。約束の土曜日の午後、そのまま鶏舎へ行って声をかけると、狭い通路を抜けた奥にある畳敷きの一隅に案内された。まず、目に入ったのが机上の須恵器と円形の硯（複製品）で、書棚には幅広いジャンルの本が並び、柱のここかしこにお気に入りの短歌や詩を書き写した紙片が貼られ、かつて鶏がいた棚に収集した土器が並んでいた。

私が『枕草子』を話題にすると、平安時代の社会構造にまで話が及び、知識の豊富なおじさんとの会話は弾んで楽しかった。あいまいに薄茶を入れる用意をしながら、「昔は茶筅は使わなかったのです」と言って、やや高い所からやかんのお湯を注いだのには驚いた。

帰る段になって唐突に「好きな詩があります」と引きとめて、滔滔と三好達治の詩「草千里濱」の暗誦を始めた。私は、阿蘇山上に上る煙や草原に放たれた馬の姿を想像しながら、のんびりと短くはないこの詩を聞き始めたが、その真剣さに気づいて思わず姿勢を正したのを、半世紀以上経たいまでも覚えている。

家庭人になってからも、寒風陶芸会館で開かれた森陶岳氏の小品展に家族で招ばれたり、ささやかな本を贈ったり、手紙のやりとりが続いた。天満屋地下の椅子に座るおじさんにばったり会ったこともある。

ある時、新聞の書籍広告に石原八束著『駱駝の瘤にまたがって――三好達治評伝』が載っていた。「草千里濱」の詩を聞かせてもらった感動がよみがえったので、お礼にその本をプレゼントしておいたところ、しばらくして「ぼつぼつ読んでいます」という返事をもらったが、すでに90歳を超えていたから、ページ数の多い小さい活字は読みにくかったに違いない。

先の詩「草千里濱」は、阿蘇山に20年ぶりに登った三好が、青草の茂る裾野や外輪山の変らない自然を前に、若い頃の望みや来し方、旧友を振り返る内容で、三好の第六詩集『艸千里』（四季社 昭和14年7月）が初出である。

最近になって私も先の評伝を読み、三好が大阪陸軍幼年学校に在籍していたことを知った。同校には、幼い時から一緒に遊び、在学中に夭折した6歳下の従弟が大正6年9月に入学している。調べてみると、三好より2学年下であった。

おじさんはこの事実を知って「草千里濱」を暗誦してくれたのだろうか。その理由を聞いていないが、数少ない血縁の1人である私への無言のメッセージだったのかもしれない。直立して朗誦したおじさんの声が今も耳にある。

邑久郡各地の民俗資料を集める

昭和3年から昭和6年頃まで、黙水さんは民俗学にも関わった。邑久郡各地で採集した方言、童謡、俗信、民俗行事などを『岡山文化資料』に発表。自著『岡山県邑久郡方言』を発行し、民具の蒐集にも力を注いだ。


「なまけ馬」

黙水噺（一）より

馬子が馬に塩を背負わして行きました。馬は重くて困りました。川を越す時、馬が川の中で寝てしまったので、すっかり塩がとけたので、急に軽くなりました。馬は、「こりゃあ、ええことに気付いた。重たいときには川の中で寝ることだ」と思いました。

今度は草履をたくさん負わして行きました。川を渡るとき馬は、又川の中に寝てしまいました。処が、今度は草履ですから、藁がすっかり水を含んで、大へん重くなって閉口しました。


「ハヤスケ話　二、あらごえ」

黙水噺（二）より

「ハヤスケ、明日はあらごえをしてくれ」

というと、

「よろしゅうございます」

と言って、翌朝早く田圃へ行って、大声で怒鳴っていました。

「ハヤスケ、何を怒鳴っているんだ」

「ハイ、今、荒声をして居ります」


「ハヤスケ話　三、鉢をすてる」

黙水噺（二）より

「ハヤスケ、之を捨てて来てくれ」

魚の骨の入った立派な鉢を渡した処、前の海の中へ鉢毎ドボンと投げ込んで帰りました。

「ハヤスケ、鉢は……」

「へイ、之を捨ててええとおっしゃったから、海へ捨てました」

と、平気な顔をしていました。

※ハヤスケと言う男は、奈良屋のおやっちょう頭をして居ったと言う。長浜村字

畑の者で、今の大岩旅館事山本瀬平氏邸の辺に居たものだそうです。奈良屋では、愚直ながら、その素朴と純情を愛して長く使用したということである。

「婆が足がた」 黙水噺（三）より

玉津村（邑久町）敷井にバアガアシガタと言う所があります。山上の凹所です。巨人の婆が、ここから錦海湾口を一跨に牛窓町の東端カブラ崎へ跨った時の足型です。錦海湾口の鼠島は、この時、婆の足中草履のえが落ちてできたものだそうです。

「あまんじゃく（天邪鬼）」 黙水噺（三）より

昔は太陽が七つ出ていたが、あまんじゃくが、松の切株に腰をかけて、弓を以て六ツまで射落した。それ故、松の切株からは芽が出なくなった。

（時実逸郎君の祖父千代蔵氏談）

註、天邪鬼の背のこぶは文庫を負うているのだそうです。

又、中国の淮南子という書に「堯の時十日（十箇の太陽）並び出で、草木焦げ枯る。堯、羿に命じ仰いで十日を射せしむるに、其九鳥皆死し、羽翼を堕す」とあると。中国伝来の噺であろう。

「桂山」 黙水噺（三）より

長船町美和の桂山と向山とが戦争をした。桂山が勝ったので。かづら山（かつら山）と名付けた、という。

（旧美和村岡田氏談）

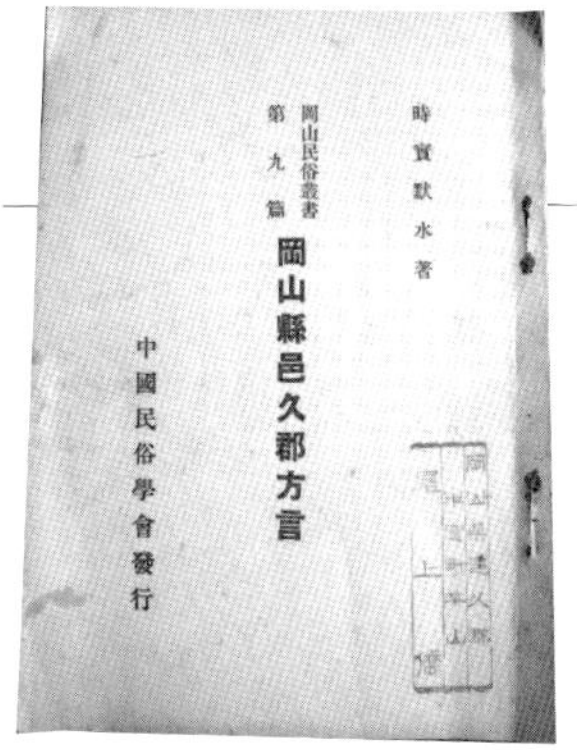

邑久郡地方の方言を集めた黙水さんの著書『岡山県邑久郡方言』

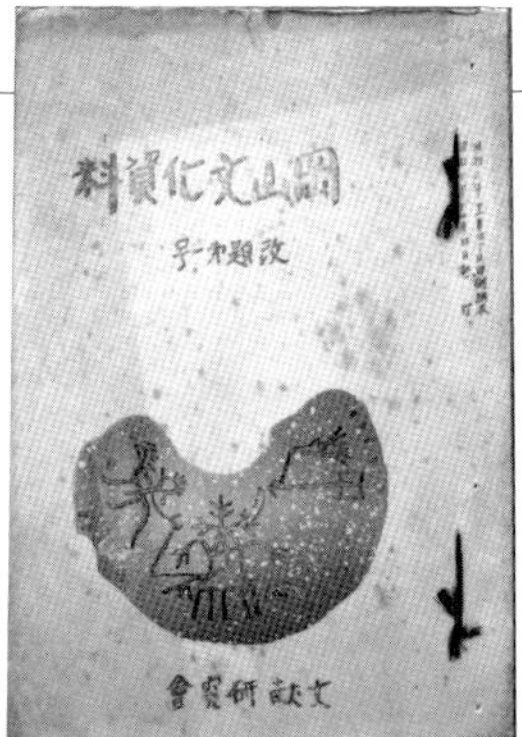

日本初の地方民俗雑誌『岡山文化資料』。黙水さんも寄稿した

時實黙水（和一） 略歴

明治29年（1896）	1歳	4月29日、邑久郡長浜村（現・瀬戸内市牛窓町長浜）にて、父重三郎、母津知の次男として生まれる。
明治39年（1906）	11歳	就将尋常小学校を卒業、邑久高等小学校に入学。
明治43年（1910）	15歳	邑久高等小学校を卒業後、実家の農業を手伝う。
明治45年（1912）	17歳	実家を出て岡山市に居住。自由律俳句に親しみ、号を黙水と称す。 電車の車掌として働いた時期がある。
大正4年（1915）	20歳	長浜の生家に戻る。農業のかたわら、俳句・短歌に没頭する。
大正11年（1922）	27歳	自宅そばの小高い丘に鶏舎を建ててもらい、養鶏業で自活。
昭和2年（1927）	31歳	寒風で須恵器の蓋の破片を見つけ、土器に興味をもつ。
昭和3年（1928）	32歳	民俗学に関心をもち、童謡、方言、年中行事、民間食物、植物などについて調査する。
昭和4年（1929）	33歳	考古談話会（のちの吉備考古会）に入会。 寒風古窯跡群の一角を購入して本格的に発掘調査を行う。
昭和9年（1934）	38歳	機関紙『吉備考古』20～29号に「土器ト窯址ニ就テ」を発表。 水原岩太郎らとともに師楽窯跡を発掘。
昭和10年（1935）	39歳	寒風古墳横穴式石室を発掘。
昭和15年（1940）	44歳	『大伯ノ窯跡1』（須恵器記号集成）を自費出版。 『大伯ノ古瓦』を自費出版。
昭和16年（1941）	45歳	『大伯ノ窯跡2』（スエノウツワモノトッテ）を自費出版。

昭和17年（1942）46歳	『大伯ノ石器1』自費出版。
昭和18年（1943）47歳	『大伯ノ石器2』自費出版。
	『大伯ノ窯跡3』（台形須恵器）『大伯ノ窯跡4』（コシキ型須恵器）を自費出版。
昭和19年（1944）48歳	山手村に開館された吉備考古館に、昭和7年から昭和19までの12年間にわたって蒐集した遺物およそ1500点を寄託する。
昭和21年（1946）50歳	『大伯ノ窯跡5』（円形陶硯）を自費出版。
昭和30年（1955）59歳	牛窓町文化財専門委員に任命される。
昭和36年（1961）65歳	『大伯ノ石器3』自費出版。
昭和51年（1976）80歳	戦後に蒐集した遺物を牛窓町民俗文化資料館に寄託する。
昭和52年（1977）81歳	岡山県文化財保護協会賞を受賞する。
昭和53年（1978）82歳	勲六等瑞宝章を受章する。岡山県教育委員会による寒風古窯跡群の磁気探査とトレンチ調査の案内役をつとめる。
昭和54年（1979）83歳	内閣総理大臣官邸で開かれた「昭和53年度芸術文化に活躍された人びとの懇談のつどい」に出席する。
昭和61年（1986）90歳	寒風古窯跡群が国指定史跡となる。
昭和63年（1988）92歳	寒風陶芸会館の中庭に、備前焼作家・島村光によって制作された陶像が建てられる。
平成5年（1993）97歳	6月13日　死去。

あとがき

寒風ボランティア協議会長　廣畑周子

本名の時實和一や、号の黙水を知らなくても、あの「スカートのおじいさん」と言えば、子どもまで知っておりました。ただ、牛窓町長浜地区を中心とする人達であり、その上、彼の業績について知る人は限られていました。

私たちは2年前に、寒風ボランティア協議会として活動を始めました。会員の中には「子どもの頃、わいっつあんの家に遊びに行きょった」という者や「新築のため掘ったら須恵器が出てきたので、黙水さんに見てもらった」という者もいます。また黙水さんに縁はなくとも、考古学が好き、焼き物が好き、地域の施設だからと、各々の特技を出し合って新しい試みに取り組みました。

まず、黙水さんの命日の6月13日に近い金土日に「黙水さんまつり」を始めました。①黙水さんについての講演会 ②吉備考古館から数点借りて、黙水コレクション里帰り展 ③黙水さんの著書、蔵書、寄稿した文、手紙、勲章、写真などの展示 ④今年は復元した鴟尾（大屋根の両端にのせた古代の屋根飾り）も展示できました。

活動しているうちに、黙水さんのすばらしさをしみじみと感じ、多くの方に黙水さんを知ってもらいたいと思うようになりました。

当初は報告書と思っていましたが、折角作るのなら、手軽に手に取って、写真を見ながら寒風古窯跡群を身近に感じてもらいたい。黙水さんの多方面にわたる足跡を知っていただきたいと願い書籍と致しました。本づくりは主に前館長小田礼子が集大成として取り組みました。お手元に届きました時、その思いが伝わればうれしく存じます。

原稿を寄せて下さいました黙水さんゆかりの方々、黙水さんまつりに快く遺品・ゆかりの品を貸してくださいました時實正幸様、松本裕三様、蔵書を管理している瀬戸内市教委社会教育課、また瀬戸内市市民活動応援補助金、および、福武教育文化振興財団の文化活動助成金等ご支援に対し、会員一同深い感謝の念を申し上げます。最後に吉備人出版には大変お世話になりましたことお礼申し上げます。

２０１５年2月吉日